1903 - Janvier - 31

VENTE

du Samedi 31 Janvier 1903

EXPOSITION

Le Vendredi 30 Janvier 1903

TABLEAUX

ANCIENS & MODERNES

Aquarelles, Pastels, Dessins

GRAVURES

M° **LAIR DUBREUIL**, Commissaire-Priseur

M. **SORTAIS**, Peintre-Expert.

IMPRIMERIE MAULDE ET RENOU

MAULDE, DOUMENC ET Cⁱᵉ

IMPRIMEURS DE LA COMPAGNIE DES COMMISSAIRES-PRISEURS

Rue de Rivoli, 144. — Paris.

CATALOGUE

DES

TABLEAUX

ANCIENS ET MODERNES

Aquarelles — Pastels — Dessins

GRAVURES

PAR

Bertin, Ph. de Champaigne, Coypel, Greuze, Huet, Mignard,
Parrocel, Hubert-Robert, Seghers.
Anastasi, Bastien-Lepage, Corot, Courbet, Daumier,
Fantin-Latour, Henner, Ingres, Isabey, Jacque (Ch.),
Jacquet, Jongkind, Lebourg, Lemmens, Luigi Loir,
Masson (Bénédict), Moreau (Ch.), Pécrus, Regnault (H),
Roqueplan, Rossi, Tassaert, Vogler

Dont la Vente aux Enchères publiques aura lieu

HOTEL DROUOT — SALLE N° 7

Le Samedi 31 Janvier 1903

A DEUX HEURES

<table>
<tr><td>

Mᵉ LAIR DUBREUIL

COMMISSAIRE-PRISEUR

Rue de Hanovre, n° 6

</td><td>

M. Georges SORTAIS

PEINTRE-EXPERT

Rue Mogador, n° 4

</td></tr>
</table>

EXPOSITION PUBLIQUE

Le Vendredi 30 Janvier 1903, de 2 heures à 6 heures

PARIS — 1903

CONDITIONS DE LA VENTE

Elle sera faite **au comptant.**

Les Acquéreurs paieront **dix pour cent** en sus du prix d'adjudication.

Il ne sera admis aucune réclamation une fois **l'adjudication prononcée.**

MAULDE, DOUMENC et Cⁱᵉ, imp. de la Cⁱᵉ des Commissaires-Priseurs
rue de Rivoli, 144.   400—8778

DÉSIGNATION

TABLEAUX ANCIENS

BERTIN

1 — La Partie de Campagne.

2 — Le Château Fort.

   Pendant du précédent.

BOTH (École de Jean)

3 — Cavaliers dans un paysage.

CERQUOZZI (Genre de)

4 — Raisins, Grenades, etc.

CHAMPAIGNE (Attribué à Ph. de)

5 — Portrait de Le Maître de Sacy.

CORNÉLIUS

6 — Bouquet de fleurs et Orfèvrerie.

COYPEL (Attribué à Antoine)

7 — Flore et les Amours.

CRESPI

8 — Le Tonnelier.

CUYP (Ecole d'ALBERT)

9 — Deux Lièvres.

DEKKER (Attribué à)

10 — Paysage avec figures.

DIETRICH

11 — Paysage Montagneux, Rochers, Cascade
avec une halte de cavaliers.

DYCK (Ecole de VAN)

12 — Le Christ descendu de sa croix.

ÉCOLE FLAMANDE
(XVIᵉ siècle)

13 — La Vierge allaitant l'Enfant Jésus.

ÉCOLE FLAMANDE
(XVIIᵉ siècle)

14 — Chemin de Croix.

Douze peintures.

ÉCOLE FLAMANDE
(XVIIᵉ siècle)

15 — Flore.

ÉCOLE FRANÇAISE
(XVIIIᵉ siècle)

16 — Portrait d'Homme.

ÉCOLE FRANÇAISE

17 — Scènes de la Vie du Christ.

Deux pendants.

ÉCOLE FRANÇAISE
(xviiie siècle)

18 — Le Déjeuner.

ÉCOLE HOLLANDAISE

19 — Le Pédicure.

ÉCOLE HOLLANDAISE

20 — Paysage marine animé de figures.

ÉCOLE ITALIENNE
(xviie siècle)

21 — La Fortune.

ÉCOLE ITALIENNE

22 — Saint Sébastien.

ÉCOLE ITALIENNE
(xviie siècle)

23 — Offrandes à un Roi.

ÉCOLE VÉNITIENNE
(xviie siècle)

24 — Buste de Femme.

HUET (Jean-Baptiste)

25 — Plusieurs Personnages près d'un cours
d'eau dans un paysage.

> Toile signée en toutes lettres, en bas au centre,
> cadre bois doré.

JORDAENS (École de)

26 -- Jésus et les Disciples d'Emmaüs.

LEBRUN (École de)

27 — Christ en Croix.

MANFREDI

28 — Jeune Homme jouant de la flûte.

MIGNARD (Attribué à)

29 — Portrait de Femme drapée en rose.

PARROCEL (Attribué à)

30 — La Chasse du Roi.

ROBERT (Hubert)

31 — Laveuses au pied d'un aqueduc.

32 — Personnages arrêtés près d'une porte de ville
romaine.

> Deux pendants.

RUBENS (École de)

33 — La Vierge, l'Enfant Jésus et saint Jean.

SEGHERS (Attribué à Daniel)

34 — Vierge et Enfant, encadrés de fleurs.

SNAYERS (École de)

35 — Cavalier sur un cheval blanc.

TÉNIERS (École de)

36 — Scène Cabaret.

VERNET (École de)

37 — Paysage avec figures de Laveuses.

WOUWERMANS (École de)

38 — Rendez-vous de Chasse.

TABLEAUX MODERNES

ANASTASI

39 — Vaches au pâturage.
Signé.

BASTIEN-LEPAGE

40 — Portrait de Femme en buste.
Signé.

BUTIN (Ulysse)

41 — Enfants au bord de la mer.
Signé.

CODINE (Alex.)

42 — Nature morte.

CCROT (Camille)

43 — Nymphes dansant dans un paysage.

Signé en bas.

L. 0^m34; H. 0^m42.

COROT (Camille)

44 — Moine en prière dans un paysage.

Signé et daté au bas, à gauche,

L. 0^m40; H. 0^m46.

COURBET (Gustave)

45 — Portrait du poète Henri Murger.

Cette peinture a été faite par l'artiste d'après nature, à Marlotte.

CURZON (de)

46 — Paysage romain.

DARNAUD (Mademoiselle Cécile)

47 — La Toilette.

Salon 1861.

H. 0^m42; L. 0^m25.

DELAMAIN (Paul)

48 — Deux Cavaliers à la porte d'une mosquée.

DIAQUÉ

49 — Les Coquelicots.

DORCY

50 — Petite Fille et son chien.

DUBUFFE

51 — Portrait de Femme en costume 1830.

DURAN (Carolus)

52 — Tête de Femme.

ÉCOLE FRANÇAISE MODERNE

53 — Bouquet de Pivoines.

FANTIN LATOUR

54 — Tannhauser au Venusberg. .

FEYEN-PERRIN

55 — Tête d'Orphée.

56 — Femme au bord de la mer.

HAUDEBERT-LESCOT (Genre de)

57 — La Guitariste italienne.

HENNER

58 — Femme couchée lisant.
  Pochade.

ISABEY

59 — Bateau de pêche sur la côte Normande.
  Signé et daté 1856.   L. 0m51; H. 0m30,

JACOB

60 — Faust et Marguerite.

LEBOURG

61 — Une Rue à Bonnières.

LEMMENS (E.)

62 — Paysage.
>Signé.

L. 0^m33 ; H. 0^m46.

MARGOTET

63 — Pensées.

64 — Pêches.

MARILHAT (Genre de)

65 — Marine d'Orient.

MASSON (Benedict)

66 — L'Escalade.

MENJAUD

67 - Henri IV chez l'Aubergiste.

MONTFALLET

68 — La bonne Fée.

H. 0^m21 ; L. 0^m16.

MOREAU (Ch.)

69 — Joueur de Flûte dans un intérieur.
>Signé et daté 1857.

L. 0^m24 ; H. 0^m32.

NAVLET

70 — Scène de la Vie du Christ.
>Signé à gauche.

PALIZZI

71 — Chiens de chasse dans un paysage.
>Signé.

PÉCRUS (Charles)

72 — Lecture défendue.

    Salon de 1861.

    Bois, signé.

                      H. 0^m19; L. 0^m14.

73 — L'Oiseau.

    Salon de 1861.

    Bois, signé.

                      H. 0^m19; L. 0^m14.

REGNAULT (Henri)
(?)

74 — Les Prisonniers en Espagne.

RÉVOIL

75 — La Vision de Jeanne d'Arc.

ROQUEPLAN

76 — Orage en vue des côtes.

SCHEFFER (Genre d'Ary)

77 — Femme assise en prière.

TASSAERT (Octave)

78 — La Convalescente.

    Signé.

                    L. 0^m32; H. 0^m41.

VERNET (Horace)

79 — Portrait de Femme.

VOGLER

80 — La Seine (automne).

81 — L'Hiver.

WERTHEIMER

82 — Le Déjeuner du Roi.

AQUARELLES, PASTELS, DESSINS
GRAVURES

ALLONGÉ

83 — Sous bois à Marlotte.

Aquarelle.

AURÉLY

84 — Les Baigneuses.

Aquarelle.

BERNARD

85 — Portrait de Femme.

Dessin à la plume.

CABANEL

86 — Étude de Mains.

Crayon noir.

CASSAS

87 — Paysage et Ruines d'Orient.

Deux aquarelles, signées et datées 1820.

CHENNEVIÈRE (Cécile)

88 — Le Galant Jardinier.

Aquarelle.

89 — Sous les pommiers.

Aquarelle.

CICERI

90 — Le Gibet.

Aquarelle.

DAUMIER (Honoré)

91 — L'Heureuse Famille.

Dessin à la sépia.

ÉCOLE ANGLAISE

92 — L'Attente.

Dessin.

ÉCOLE FRANÇAISE (xviiie siècle)

93 — Portrait de Dominique Pineau, sculpteur du roi.

Pastel.

94 — Portrait de Femme en corsage rose.

Pastel.

95 — Réunion d'Amours.

Dessin à l'encre de Chine.

GAVARNI

96 — Le Mandoliniste.

Aquarelle.

GREUZE

97 — Jeune Fille, la tête baissée.

Dessin à la sanguine.

INGRES

98 — Portrait de M. Gouin, avec dédicace au bas.

Dessin à la mine de plomb.

H. 0^m23; L. 0^m18.

JACQUE (Charles)

99 — Paysan à cheval ramenant deux chevaux du labour.

Dessin à la pierre noire, signé en bas, à gauche.
H. 0^m23; L. 0^m29.

JACQUET (Gustave)

100 — Portrait de jeune Femme assise.

Dessin à la mine de plomb.

101 — La Finette.

Dessin à la sépia d'après Watteau.

JONGKIND

102 — Vue d'Anvers.

Aquarelle.
Au verso, autographe de l'artiste.

LEROUX (Hector)

103 — Jeune Femme assise.

Dessin à la mine de plomb.

LINDER

104 — L'Incrédule.

105 — Au Temps des Cerises.

Deux aquarelles.

LOIR (Luigi)

106-107 — Vues de la basse Normandie.

Deux aquarelles.

LOIR (Luigi)

108-109 — Vues de Suisse.

Deux aquarelles.

NEUVILLE (Attribué à A. de)

110 — Artillerie montée.

Aquarelle.

PUJOL

111 — Intérieur de Saint-Bertrand-de-Comminges
près Luchon,

Aquarelle.

ROBERT (Hubert)

112 — Personnages aux pieds de ruines.

Sépia brûlée.

ROSSI (Lucius)

113 — La Déclaration.

114 — Le Baiser.

Deux aquarelles.

TISSANDIER (M.)

115 — Le Chat barbifié.

Dessin.

UMBRICHT

116 — Bonne Journée.

117 — Mauvaise Journée.
Deux aquarelles.

VÉZIEN

118 — La Marchande de Fleurs.
Aquarelle.

ZARA

119 — Vue de Normandie.
Gouache.

120 — Lot d'Aquarelles, Dessins, etc., par divers.

121 — Deux Albums ornés d'Aquarelles et Dessins, par divers.

ÉCOLES FLAMANDE ET HOLLANDAISE

122 — Cinq Estampes anciennes.

123 — Deux Gravures d'après Rembrandt.
Paysage, Chaumière, Eaux-Fortes.

124 — Collection de Gravures à l'eau-forte.
Épisodes du siège de Paris et de la Commune.

125 — Tableaux, Aquarelles, Dessins, non catalogués.

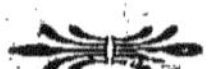